# 커피 마시는 동안은      일하지 말아야지

페터팡 지음

배태랑

1985년 태어났다. 출판사 편집자와 프리랜서 작가를 하다가 현재는 대안교육 선생님으로 일한다. 원두를 고를 수 있는 카페에선 산미가 없는 쪽을 고른다.

프롤로그            만공(滿空)

5년 전 일이다. 날씨 좋은 날에 작업실 근처 카페에서 샌드위치와 커피를 시켜 자리에 앉았다. 매끼 식후에 약을 챙겨 먹어야 하던 때였는데 그날따라 약통을 가방에 넣는 걸 깜빡했다. 그래서 샌드위치를 먹고 30분 타이머를 맞춘 다음 알람이 울리면 작업실로 돌아가자고 생각을 했다. 정해진 만큼 그 시간을 즐기기로 한 것이다. 그러다가 '커피 한 잔을 비울 시간을 나타내는 시간 단위가 뭐가 있을까'하고 생각하게 되었다.

가득 찬 것을 비울 때까지의 시간이니까, 찰 만(滿)에 빌 공(空)을 써서 '만공(滿空)'이라고 부를 수 있겠다고 생각했다. 커피 한 잔 비울 시간은 사람마다 상황마다 다르므로 '만공'의 범위는 유연할 것이다.

편한 친구를 만나면 식사를 하고, 커피 한 잔을 마시러 자리를 옮긴다. 그리고 잔을 비울 때까지 얘기를 나누다 헤어진다. 컵 혹은 잔의 바닥이 드러나면 자연스럽게 "이제 집으로 가?"라며 다음 행보에 대해 묻게 되는 것이다. 아니면 "버스 탈 거지?"하고 정류장까지 같이 걷거나. 나는 '만공'이 다정한 단위가 될 수 있다고 생각했다.

커피는 매일 마시므로 내가 '만공'의 시간 동안 어떤 생각을 하는지 궁금해서 기록해 봤다. 그리고 이 책은 그 기록의 아주 일부를 옮긴 것이다. 당신과도 만공을 함께 할 기회가 있다면 좋겠다.

20년 4월 9일 목

16:05 - 16:35

네스프레소 캡슐을 잘 못 내리고 있는 게 분명하다. 캡슐 맛이 이렇게 하나같이 연하고 구리다니. 진한 커피가 먹고 싶었는데 아쉽다. 지금껏 캡슐을 거꾸로 놓고 추출했구나. 오늘 드디어 성공했다. 허허. 오늘 회의까지 다섯 시간 정도 남았다. 그나마 오늘은 밖에 안 나가도 되니까 편하다. 책상 위엔 책 두 권 놓여 있다. 〈죽음의 에티켓〉과 〈아침에는 죽음을 생각하는 것이 좋다〉. 오후에 시간 남으면 읽어야지. 커피 마시면서 영화를 마저 본다.

네스프레소 캡슐 아이스

20년 4월 10일 금
09:18 - 09:24
얼굴에 베개 자국이 없어지지 않으면 어떡하지.


13:47 - 13:53
편의점에서 커피를 사서 사무실로 돌아왔다. 커피 마시는 동안은 일하지 말아야지. 커피 마시겠냐고 물었을 때 다른 선생님들이 거절해서 내가 마실 것만 사 왔다. 내가 얌체 같다고 생각했다.

---

[1]  매일우유 바리스타 모카프레소
[2]  매일우유 바리스타 모카프레소

20년 4월 14일 화

10:02 - 10:24

커피를 따뜻하게 많이 마시고 싶어서 오랜만에 핸드드립.
식빵을 구워 같이 먹었다. 커피 마시기 전엔 〈슬기로운 의사
생활〉 보면서 일하고 있었는데 커피 마시는 동안은
〈언더커버〉를 보려고 바꿔 틀었다. 본가에 갖다 놓을 김치통을
챙기면서 엄마가 없는 삶을 상상해 봤다. 냉장고 위에 뒀던
시계를 다시 제시간으로 맞추려고 챙겨왔다. 10분 정도 느린
채로 1년 정도 방치했다.


19:40 - 20:06

휘상이한테 커피 기록을 하고 있다고 얘길 했더니 어디까지가
커피인지 궁금하다고 했다. "커피우유는 커피인가요?
디카페인은 커피로 치나요?" 내 기록에 들어가고 싶으면
커피를 다 마시기 전에 말해라. 혹은 한 잔을 더 사주거나,
라고 농담했다.

---

[1]　Brazil Cerrado NY2 핸드드립 따듯하게
[2]　　　　아이스 아메리카노 디카페인

20년 4월 15일 수
14:16 - 14:36
점심으로 카레 먹었다. 누군가를 싫어하는 것은 에너지가 너무 많이 든다. 누군가를 좋아하는 것도 에너지가 들 텐데.

---

네스프레소 캡슐 아이스

20년 4월 17일 금
12:35 - 13:34

식물의 이름을 아는 사람이라. 내 친구 은정이가 그런 사람이다. 우산은 없는데 비가 많이 온다. 우산 밑으로 꽃을 한 아름 들고 가는 사람이 있다. 뭐 회의가 늦춰진 김에 비 오는 것도 보고 좋네. 카페에 충전 케이블을 잔뜩 꽂아놓고 있는 게 이상하게 마음이 놓인다. 이상한 기분이다. 비가 거세졌다가 하늘이 개고 사위가 맑아지고. 빗방울이 떨어질 때 우산을 일찍 펴는 사람은 비가 그치면 또 빠르게 우산을 접을까? 여러모로 성실한 사람이 있다.

---

아이스 아메리카노

20년 4월 19일 일
06:32 - 07:00
어제 초저녁에 잠들어서 다섯 시 십오 분에 깼다. 냉장고 탈취제 새로 사야겠다. 식빵도 우유도 다 떨어졌다. 밤길을 무서워하지 않아도 되는 것은 남자의 특권인데 그걸 모르는 남자들이 많다. 그래서 나는 이걸 가지고 어떻게 할 것인가. 커피가 진하다.

Brazil Cerrado NY2 핸드드립 따듯하게

20년 4월 21일 화
14:40 - 15:00
아침을 먹어야 하는데 요리를 안 할 거면 남이 해준 걸 먹어야지. 집 근처 브런치 카페에 와서 떡볶이와 프렌치토스트 먹었다.

아이스 아메리카노

20년 4월 23일 목

11:20 – 12:20

친했던 선후배들이 보고 싶군. 새로 하는 일이 어려운 이유는 실수할까 봐, 헤맬까 봐, 그래서 바보 취급받을까 봐. 이 정도인데 꼼꼼히 매뉴얼대로 하면 실수할 일은 적고, 처음 하는 일인데 헤매는 건 당연하고, 바보 취급은 초보를 바보라고 하는 게 더 바보지 뭐. '자취'의 뜻은 '손수 밥을 지어 먹으면서 생활함'이라고 한다.


14:10 – 14:20

낮에 시간이 비어서 머리 자르러 갔다. "시원한 음료 드릴까요.", 물어보면 거의 괜찮다고 하는데 이번엔 커피를 부탁했다. 순전히 '만공' 기록을 의식한 탓이다. 커피를 받고 머리를 말리는 동안 마시면서 머리카락이 하필 있어서 그걸 구부리고 펴고 물들이고 한다는 시를 떠올렸다.*
내 가방은 커서 미용실 짐 보관함에 들어가지 않는다. 옷이 무거워 맡긴 옷을 받을 때도 미안하다고 생각했다. 여전히 외투를 입혀주는 것은 과한 친절 같다. 커피를 받고 밖에 나와 마스크를 끼지 않은 상태로 마셨다. 먹은 커피 용기는 가좌역 쓰레기통에 버렸다.

---

| | | |
|---|---|---|
| 1) | | 아이스 라떼 |
| 2) | | 아이스 아메리카노 |
| * | | 나하늘 시인이 시, 서양미술시 |

20년 4월 24일 금
09:05 - 09:22

고속도로엔 10분 휴식으로 많은 게 해결될 것처럼 광고한다.
졸음운전에 한해선 맞는 말이다. 잠깐 멈추는 게 도움이
되겠지. 운전 말고도 그렇겠구나.

---

카페아다지오 리치카페모카

20년 4월 26일 일
16:00 - 16:40
빨래 돌리고 오늘 원고 교정할 것도 있다. 하나씩 하면 되겠지.
뭔가를 신중하게 고르는 사람은 귀엽지. 취향이 확실해서 빨리
선택하는 사람은 멋있고.

은정, 은성 남매와 휘상과 오키나와에 갔을 때 밤엔 홀로
숙소에 있는 경우가 많았다. 나는 이제 술을 마시지 않으니까.
그때 샤워를 하고 빨래를 돌리고 잠깐 눕는다는 게 잠들어
버리면 은정, 은성 남매와 휘상 중에 누군가 내 빨래를
널어줬다. 다음 날 아침에도 내가 제일 늦게 일어나서 건조된
빨래가 단정히 개어져 있는 경우도 있었다.

---

네스프레소 캡슐 아이스

20년 4월 27일 월
11:00 - 11:15
피부과 치료실 앞 대기실에 사람이 많으면 나와 같은 병으로 고생하는 사람이 많구나 싶어서 안심된다. 이런 생각을 하면 안 되나?

---

매일우유 바리스타 모카프레소

20년 4월 30일 목
13:49 - 14:14
식빵 구워 커피랑 같이 먹는다. 식빵이 두꺼워 커피가 모자란다. 컵에 물을 더 채웠다. 내가 가진 장점은 뭘까. 두 번째 빨래를 돌리고 컵에 물을 더 부었다.

네스프레소 캡슐 이니스

20년 5월 1일 금
13:49 – 14:12

이틀 연속 푹 자니까 우울함이 가신다. 엄마는 날 어떤 아들로 수식할까. 아버지는 글쎄, 별로 궁금하지 않고. 의사 가운은 긴 것도 있고 짧은 것도 있구나. 유니폼을 입는 삶은 어떨까. 격려만 받는 하루를 보내고 싶다. 다양한 직업군의 친구가 있는 건 좋다. 간접적으로 (직업의) 케이스 한 면씩만 알게 되더라도 내 삶이 더 다채로워질 것 같다. 많은 직업군에서 '선생님' 호칭이 통용되나 보다. 강사를 직업으로 택했으니 '선생님' 소리만 듣고 몇 년을 지낸 나는 얼마나 기고만장해 하고 있을까.

---

Brazil Cerrado NY2 핸드드립 따뜻하게

20년 5월 2일 토
16:00 - 16:30

내가 어떤 어른이 되고 싶었는지 잊었다. 난 아버지나 삼촌들을 보며 저런 (남자) 어른이 되지 말아야지, 이렇게 생각했었다. 롤 모델이 없이 자란 나는 그래서 지금 어떤 어른이 되었을까. 난 내 모습이 끔찍할 때가 많은데 이 생각을 남한테 들킬까 봐 겁난다. 문장을 온전히 이해하지 못한 채 그냥 넘어가는 습관을 고쳐야 한다.

---

아이스 아메리카노

20년 5월 3일 일
07:34 - 07:55

잠이 안 올 땐 SNS에 올렸던 사진을 하나씩 지운다. 올린 기억이 없는 사진을 보면 기가 막힌다. 기억나지 않는 사진은 쓴 기억 없는 글을 볼 때와는 다르다. 더 화들짝 놀란다. 사진이 글보다 더 직접적이라 그런가.

---

Brazil Cerrado NY2 핸드드립 따듯하게

20년 5월 6일 수
10:50 - 11:26

어떤 시기에 자주 먹는 음식은 어떤 시기에 자주 듣던 음악처럼
기억에 각인된다. 고3 추석연휴 때 고향으로 돌아와서 며칠
독서실에 다닌 적이 있는데 자판기에서 마운틴 듀를 많이
사 먹었다. 모카프레소는 엄마 입원했을 때 먹기 시작해서
앞으로 모카프레소를 마실 때면 엄마 생각이 나겠지.

---

매일우유 바리스타 모카프레소

20년 5월 7일 목
08:43 - 08:52

진짜 피곤할 때 커피를 한 모금 마시면 피로가 풀리는 게 가시적(?)인 느낌이 난다. 위험한 건가. 교대 근무를 마치고 퇴근하는 간호사 무리가 지나간다. 커핀 너무 느끼하고 졸리고 피곤하다. 입원한 엄마 곁에서 밤새우고 잠깐 바람 쐬러 건물 밖으로 나왔다.

---

칸타타 콜드브루 블랙

20년 5월 8일 금
10:41 - 11:03

어제 온종일 같이 있어 놓고, 어버이날이랍시고 엄마한테 전화하는 게 쑥스럽다. 난 얼마나 나이를 더 먹어야 부모에게 상처받은 기억보다 사랑받은 기억을 추억할 수 있을까. 아버지한테 전화해서 키워주셔서 감사하다고 했다.

---

노브랜드 콜롬비아 드립백 원두커피 7g
따뜻하게

20년 5월 9일 토
10:46 - 11:01

매일 바다를 보는 사람, 가끔 바다를 찾는 사람, 바다를 보고 자란 사람의 감성은 다 다르겠지? '유쾌한 사람'으로 기억되고 싶다. 엄마가 죽으면 누구에게 소식을 전해야 하지. 엄만 외할머니, 외할아버지가 얼마나 그리울까. 냉장고 속을 많이 비웠다.

---

노브랜드 콜롬비아 드립백 원두커피 7g
따뜻하게

20년 5월 11일 월
10:12 - 11:40

자전성(自傳性)을 제외한 작업을 하는 작가가 존재하기는
할까. 작품은 내 경험에서 시작하고 경험은 많은 경우에
타인과 엮여 있다. 결국, 내 작업은 타인에게 빚진 채로
시작되는 것이다.

광선치료를 중단한 이후로 가려움 증세가 심해져서 다시
항히스타민제를 복용한다. 지윤 선생님의 영상에서 '누군가
감기 걸렸다고 하면 푹 쉬어, 라고 하는데 비만한 사람에겐
그 사람에게 책임을 더 묻는다.'라고 해서 공감했다.

---

[1] 매일우유 바리스타 모카프레소
[2] 아이스 이메리카노

19:40 - 20:20

넷이서 맥주 한 잔, 차 두 잔, 커피 한 잔을 시켰다. 차는 삼에서 사 분 우려먹으면 좋다고 직원이 모래시계를 챙겨줬다. 근데 티백을 담을 작은 그릇은 챙겨주지 않았다. 커피가 무척 달고 시다. 커피는 시거나 고소한 종류만 있는 줄 알았는데 시럽을 넣지 않아도 이렇게 달 수 있구나.

무서워하는 게 많다는 얘기를 또 들었다. 난 식물도, 심해도, 우주도, 물고기도 무서워하니까.

좋은 선생을 만났을 때 생각의 틀이 확장되는 경험을 한다. 잘 쓰인 '시'는 무엇일까. 나는 기똥찬 생각만을 자랑하는 시는 시가 아니라고 생각했다. 잘 다듬어진 한 권의 책을 볼 때 느끼는 감동이 있는데 하물며 시는 백 번 천 번 다듬은 문장이 아닌가. 내가 시를 대하는 방식은 또 한편으론 예술을 대하는 기존 작가들의 고루한 생각과 뭐가 다르다고 할 수 있을까.

20년 5월 13일 수
09:51 - 10:09

오랜만에 집에서 커피 마신다. 아침에 일어나자마자 먹는 약이 있는데 샤워하고 먹을 때도 있고, 샤워 전에 먹을 때도 있어서 어쩔 땐 먹었는지 안 먹었는지 헷갈린다. 노화가 이렇게 오는가. 약 먹고 약통을 꺼내놔야겠다. 이렇게 두면 두 번 먹거나 빼먹는 일도 없겠지. 커피 마시면서 일하지 않기로 했는데 못 지켰다.

---

노브랜드 콜롬비아 드립백 원두커피 7g
따뜻하게

20년 5월 14일 목
10:12 - 10:34
커피 되게 맛있네. 기억해둬야지. 애정 어린 사람은 없다.
그 사람이 애정 어린 말과 행동을 하는 것이지. 그러니까 내가
부지런한 행동을 꾸준히 하면 부지런한 사람이 되는 것이다.

몰리날리 카카오아란치아라소 따뜻하게

20년 5월 17일 일
11:24 - 12:30
커피는 집에 있는 거로 먹어도 되는데 남이 내린 커피가 먹고 싶어서 빵과 같이 주문했다.

---

만랩커피 과테말라 SHB 스페셜블랜드
아이스

20년 5월 18일 월
10:13 - 10:40
나이 든 부모는 자식에게 의지한다. 비가 오려는지 하늘이 어둡다. 늦게 일어나서 차 몰고 서울로 간다. 숨은 들이쉴 때보다 내쉴 때 기억에 더 남는다.

카페아다지오 리치카페모카

20년 5월 19일 화
12:12 - 13:30
가게에서 대표 메뉴라고 내놓은 것은 적당한 퀄리티에
준비하기 편하고 단가가 매력적인 상품을 말하는 건가. 딱히
대표 메뉴를 주문하고 싶은 건 아니면서 타이틀 없는 메뉴를
시켰다가 질이 별로일까 봐 대표 메뉴를 시킨다.

---

만랩커피 과테말라 SHB 스페셜블랜드

아이스

20년 5월 22일 금

13:13 - 14:05

어른이 되어도 귀는 계속 자란다고 해서 노인을 보면 귀를 종종 훔쳐본다. 아이의 귀도 가만 들여다본다. 동그랗고 말랑한 얼굴의 한구석을 보고 있으면 눈물이 날 때가 있다.


15:35 - 18:00

"커피 큰 거 작은 거 중에 뭐로 드릴까요?", 해서 큰 거로 달라고 했는데 너무 크다.

---

[1] 만랩커피 과테말라 SHB 스페셜블랜드 아이스

[2] 아이스 아메리카노

20년 5월 28일 목
10:55 - 11:05

병원 대기실에 앉아 있는 모두 누군가의 가족이겠지. 이제 가족이 없는 사람도 분명 있을 것이다. 외롭지 않기를. 어제 사소한 문제로 엄마와 싸웠고 밤에 전화할지 말지 고민하다가 결국 하지 못했다. 오늘 아침에 아무 일 없는 것처럼 다시 전화했다.

통통하던 엄마 손등이 쭈글쭈글하다. 난 부모의 젊음을 빼앗아 자랐다. 아버지한테 멀끔한 모습을 보이고 싶어서 작업실에 있는 셔츠 중 가장 깨끗한 거로 입고 나왔다. 병원 자리에 훤해진다는 것은 슬픈 일이지만 그냥 기능적으로만 생각하려고 한다. 대부분 모르는 것보단 아는 게 나으니까.

아버지랑 같이 걸을 때 걸음 속도를 어떻게 맞춰야 할지 어색하다. 붐비는 병원에선 한 보 앞에서 걷는다. 병원에선 아픈 아이를 볼 때 마음이 제일 아프다. 수액을 걸고 있는 아픈 아이를 어린 부모가 안고 있다.

머리할 때 되면 남의 머리만 보이고 신발 살 때 되면 남의 신발만 보인다. 늘 예민한 상태로 세상을 보고 싶다. 아는 게 많았으면 좋겠다. 내일 수업에선 말을 줄이고 아이들 말을 더 들어줘야지. 아버지 옷깃을 정리해 주면서 어깨가 너무 좁고 등이 얇아서 가슴이 아팠다. 엄마 없이 아버지는 살 수 있을까.

---

매일우유 바리스타 모카프레소

20년 5월 29일 금
00:48 - 01:06
스트레스가 극에 달하는 날이었으므로 야밤에 커피 한 잔.


15:34 - 18:10
'다른 고객분들을 위해 장시간 노트북 사용을 자제 부탁드립니다.'라고 테이블에 안내문이 있다. 내가 쓴다면 '장시간 노트북 사용을 삼가세요.'라고 썼을 것이다. 과한 존대의 시대. 모든 집착에서 벗어나게 해주세요.

---

1) 노브랜드 콜롬비아 드립백 원두커피 7g
따뜻하게
2) 아이스 아메리카노

20년 5월 31일 일
11:29 - 12:05
"맛있지?"라고 묻는 것과 "맛있어?"라고 묻는 것 중에 어떤 게 다정한가. 다정한 하루를 살고 싶다. 지우가 몇 주에 한 번씩 전화해서 엄마 안부를 묻는다. 어제 지선이 결혼식에선 아는 사람이 없어서 오히려 덜 뻘쭘했다. 내가 스무 살 때 처음으로 체크카드를 썼던 게 지선이랑 함께였는데 그때가 오랜만에 떠올랐다. 스무 살, 열아홉 살 아이들이 서른여섯, 서른다섯이 됐구나. 서른여섯 어른이 쉰이 됐구나, 이런 얘길 하게 될까. 내가 그때까지 살아있을까. 난 서른에 죽을 줄 알았다. 먼저 떠난 친구들 따라 나도 가고 싶다는 생각을 계속했다. 헤드윅 노래가 듣고 싶어 유튜브를 찾아 틀었다.


14:44 - 16:28
이 집 커피 잘하네. 야외에서 커피를 마시면 벌이 꼬인다. 꼬마 두 명이 우리 테이블 바로 옆에 자전거를 거칠게 세우고 갔다.

---

[1] 만랩커피 과테말라 SHB 스페셜블랜드
아이스
[2] 아이스 아메리카노

20년 6월 1일 월
13:48 - 13:55
누가 잘 지내나 궁금해도 바로 연락을 하기가 꺼려지는 게 내가 귀찮은 사람일까 봐 걱정되는 것이다. 초대받지 않은 사람이 되는 것에 대한 두려움. 가벼운 사람이 되고 싶지 않다. 아산병원 홍보 영상이 실력을 자랑하는 인터뷰 위주라면 서울대병원의 그것은 기부금 모집에 포인트를 잡은 것 같다. 서울대병원에 지은이가 일하고 있어서 오며 가며 마주칠까 봐 신경 쓰인다. 환자로 만나면 주눅 들 것 같다.

---

매일우유 바리스타 모카프레소

20년 6월 4일 목
12:43 - 16:46

어제 할머니가 퇴원하셔서 얼굴 뵙고 왔다. 다시 작업실에 돌아와서 아침에 사 놓은 커피 마신다. 몇 달 만에 본 할머니는 하는 일은 잘 되냐고 물었다. 난 엄청 잘 된다고 했다. 할머니는 내가 어릴 땐 똘망했는데 커서 회사 안 가고 애기들 그림을 가르친다고 알고 있다. 어느 부분에서 보나 다 틀린 말이다. 쨌든, 할머니의 '하와유'에 난 늘 '파인 땡큐 앤드 유'라고 대답한다는 게 중요하다. 요즘 일 엄청 잘돼,라고 유일하게 대답 드리는 나의 할머니. 더 좋은 사람이 되고 싶다는 내 욕망은 난 일단 어느 정도 좋은 사람이라는 믿음에서 시작된 건가. 아, 그냥 나는 구린 사람이 되고 싶지 않은 것이다.

---

스타벅스 파이크 플레이스 로스트 블랙커피

20년 6월 7일 일

10:53 - 11:20

예전에 은정이가 조팝나무랑 이팝나무의 차이를 알려줬다.
나는 아직 조팝나무랑 이팝나무를 구분할 줄 모른다. 하난
키가 크고 하난 키가 작던가. 찾아봐야지. 말을 정확하게
하려고 노력한다. 글도 중언부언하지 않고 정확하게 쓰면
좋지. 말을 정확하게 하려고 노력한다고 해서 말을 정확하게
하지 않는 사람을 비난해서는 안 된다. 그 사람보다 내가 더
나은 사람이 아니기 때문이다. 더 나은 사람이라는 게 있나.
아 있구나.

조팝나무와 이팝나무는 꽃의 모양도 완전히 달랐다.
조팝나무는 관목, 이팝나무는 교목, 이팝나무가 크고 높게
자란다.

---

만렙커피 과테말라 SHB 스페셜블랜드
아이스

20년 6월 10일 수
10:50 - 11:20

고등학교 때 내 일기는 우리 반 공공재였다. 야자 때 심심하면 애들은 내 일기장을 빌려 읽었다. (내가 빌려줌) 그래서 완전 비밀 얘기 같은 건 못 쓰게 됐지만, 기분은 나쁘지 않았다. 스무 살 때 친구의 싸이월드 다이어리를 본 밤, 나도 사람 마음을 움직이는 글을 쓰고 싶어졌다. "스물다섯부터는 오 년에 한 번씩 책 내는 게 내 목표야."라고 엄마한테 뻥을 쳤다. 복학하고 나선 엄마한테 "나, 글씨를 팔아볼까 봐."라고 했다. "5년만 기다려, 내가 진짜 떵떵거리게 해줄게." 했는데 십삼 년이 지났다.

---

노브랜드 콜롬비아 드립백 원두커피 7g<br>따뜻하게

20년 6월 11일 목
10:47 - 11:00

커피가 모자라다. 사실 커피만 모자란 게 아니다. 찬장 가득 드립백을 채워놔도 공허한 마음이 달래지지 않는다. 아침에 눈 뜨자마자 우울한 날은 나한테 기대를 많이 안 하려고 의식적으로 노력한다. 물 마신 게 어디야, 약 먹은 게 어디야, 책상에 앉은 게 어디야, 답장한 게 어디야, 계속 격려를 해야 하루를 살 수 있다.


17:27 - 17:45

커피는 뭔데 이렇게 맛있을까, 커피를 마실 수 있어서 다행이다. 부엌에 있는 머그잔은 다 처음 쓴 날을 기억하고 있어서 머그잔을 고를 때마다 재미있다. 지금 쓰는 머그잔은 LA에서 샀다. 여행 중에 깨질까 어쩔까 애지중지하며 갖고 다니던 게 생각나서 웃었다. 다신 해외에서 머그컵 안 사야지.. 몇 달 전에 집에서 가져온 보험 서류들을 찬찬히 살펴봤다. 그중 두 개는 가난했던 내가 약관 대출로 야금야금 헐어 쓰다가 결국 해지시킨 거였고. 몇 개는 엄마가 날 위해 들어 둔 암 보험이었다. 흥미로운 건 2000년대 초반부터 계약서에 적힌 내 직업이 학생이었다가, 학습지 교사였다가, 출판사 편집자였다가, 심지어 2013년 거엔 화가라고 적혀있는 게 아닌가. 자의식 과잉이 쩌는 것 같다. 키도 체중도 서류마다 제각각이었다.

---

[1] 노브랜드 콜롬비아 드립백 원두커피 7g 따뜻하게
[2] 몰리날리 카카오아란치아라소 따뜻하게

20년 6월 20일 토
11:40 - 12:05
꿈에서 나는 학생이었고 시험 기간이어서 공부를 해야 했는데
밥도 하고 청소도 하고 해야 할 것이 너무 많았다. 좋은 성적을
받지 못하면 장학금을 못 받는데 어떡하지, 하면서 꿈에서
설거지했다. 깨고 나서 학생이 아니라 다행이라고 생각했다.
식빵을 구워 밤 스프레드를 발라 먹었다. 스프레드를 발라
먹었다고 하면 '역전앞', '외갓집' 같은 건가. 스프레드가
그 스프레드가 아닌가. 찾아봤는데 맞는 것 같다.

---

몰리날리 카카오 아란치아 아이스

20년 6월 21일 일
11:54 - 12:18
샷을 두 개나 넣었는데도 밍밍하다. 이게 뭐야, 하고 실망했는데 끝에 커피 향이 여운 있게 샥 감겼다. 섣불리 판단하지 말자. 한 모금 그 짧은 시간을 못 참아서 불평으로 하루를 시작했구나. 여유롭게 책을 읽고 싶은데 오후에 있을 회의 준비를 해야 한다. 빨래 돌아가는 소리가 열심히 들린다. 이게 무슨 문장이람. '피할 수 없다면 즐기는 타입'이라는 말 굉장히 흥겹다

---

몰리날리 카카오 아란치아 아이스

20년 6월 23일 화

10:04 - 11:00

한 주에 소화해야 하는 회의가 두 개 늘었다. 감당할 수 있으려나. 리더의 자질에 대해 계속 생각하게 된다. 나는 사람이 의식했든 의식하지 않았든 자기가 위로받기 원하는 방식으로 상대를 위로한다고 생각한다. 라온 씨와 도담이가 서로의 인스타그램에 다는 응원 댓글을 보고 있으면 내가 다 위로를 얻는다. 그런데 내가 원하는 위로 방식은 무엇일까, 이제 와선 헷갈린다. 잘 모르겠다. 내가 익숙하게 해왔던 것들이 그냥 내가 아니었던 것 같다.


12:28 - 13:59

지윤 선생님이 커피를 유리컵에 내어주셨다. 아이스 아메리카노를 유리컵에 마시니까 기분이 좀 난다. 나도 집에 네스프레소 기계라든지 얼음 정수기라든지 놓고 싶은데 그냥 지금 부엌에 만족해야지. 커피가 1/4 정도 남았을 때 커피에서 우유 맛이 났다.

---

| | |
|---|---|
| 1) | 아이스 아메리카노 |
| 2) | 아이스 아메리카노 (캡슐) |
| 3) | 콘트라베이스 콜드브루 |

17:56 – 18:12

내 앞에서 남의 뒷얘기를 쉽게 하는 사람은 언젠간 남 앞에서도 내 얘기를 할 가능성이 높다. 민수가 나랑 책 모임을 같이 하고 싶다고 메시지를 보냈다. 서로 사 놓고 읽지 않은 책을 메일로 보내기로 했다. 난 공유했을 때 창피하지 않을 것들로 추려서 일곱 권 보냈다. 문보영의 산문집을 읽고 있는데 꿈에서 깨서 기장을 펼쳤다는 문장이 있었다. 기장이 무슨 뜻인지 몰라 사전을 찾아봐야지 했는데 일기장을 펼쳤다는 얘기였다. 줄 바꿈이 되어 잘 못 읽은 것이다. 그래. 시인이면 자다가 기장을 펼칠 법하지, 하고 대충 안 넘어가서 다행이다. 우리 회사에 신희 선생님은 별 보는 걸 좋아한다. 비박을 종종 한다길래 숙소를 안 구하고 밤새 별 보는 게 비박(非泊)인 줄 알았다. 역시 비박(bivouac)은 그런 뜻이 아니었다. 그날도 그냥 안 넘어가고 선생님한테 바로 물어봐서 다행이다. 모르는 걸 모른다고 얘기하는 건 용기가 필요하다. 난 빨래방에 일주일에 한 번 오고, 오면 보통 한 시간쯤 머문다. 빨래방엔 쉬운 문장으로 쓰인 책을 챙겨온다. 책을 마저 읽으려고 건조기에 동전을 더 넣은 적도 있다. 건조기는 작동하다가 가끔 1~2초간 멈춰 있을 때가 있는데 그러면 좀 억울하다. 500원을 넣으면 4분씩 돌아가는 건조기가 중간에 잠깐 멈춘다고 누구도 설명해 준 적 없다. 빨래방에서 크게 떠드는 사람이 있다. 이사 와서 빨래방 혼잡 패턴을 보면 주말 오전에 제일 빨래방이 미어터진다. 평일엔 한산하다. 서울의 빨래방은 대중없었다. 아마 내가 살던 동네가 프리랜서 1인 가구가 많아서 그런 것 같다. 내가 먹는 약을 더 늘리고 싶지 않다. '더는 늘리고 싶지 않다'고 썼다가 고쳤다. 몇 년 전에 엄마는 아버지가 조울증 같다고 (걱정된다고) 얘기했다. 난 그때도 아버지를 미워하고 있었으므로 신경 쓰지 않는

척했다. 아버지는 일이 있을 땐 술을 과하게 마셔 사고를 쳤고 일이 없으면 방에 틀어박혀 누워만 있었다. TV를 틀어 놓고 보진 않았다. 밥도 안 먹고 종일 말없이 혼자 있었다. 건설 현장은 해마다 겨울엔 일이 없다. 어제 어떤 선생님한테 짜증을 냈는데 오늘 다시 메시지 주고받은 걸 보니까 짜증 난 티가 나지 않았다. 짜증 전혀 나지 않았다고 해도 믿을 만한 대화였다. 난 짜증을 냈던 걸까, 짜증을 내지 않았던 걸까.

20년 6월 30일 화
13:03 - 13:37
모두 커피를 따듯하게 마신다. 하얀 털의 강아지 이름은
'국수'라고 한다. 오래 살라고 국수라고 지었다고. 강아지가
있으니까 얘기가 끊기지 않는다.


18:15 - 18:45
안산에서 대건 선생님 태워서 같이 서울로 올라왔다. 집에
잠깐 올라가자고 해서 선물도 못사고 빈손으로 올라왔다.
대건 선생님이 원두를 갈아 커피를 내려줬다. 우리는 다른
사람 소식을 전하면서 안심한다.

---

|  |  |
|---|---|
| 1) | 드립백 따듯하게 |
| 2) | 따듯한 아메리카노 |
| 3) | 아이스 아메리카노 |

19:45 − 21:30

오늘 난 커피 인간인가. 불투명 유리 뒤에 바깥 풍경이 아른아른하다. 문학살롱 초고는 처음 온다. 공간에 들어왔을 때 음료 드시겠냐고 물어서 지금 꼭 주문해야 하냐고 물었다. 음료는 공짜란다. 난 오늘 커피를 이미 석 잔이나 마셨고 맥주는 마시지 못하므로 물어본 것이다. 오늘 행사의 진행자가 본인을 이 공간의 운영자라고 소개한다. 깔끔한 소개다. 부러웠다. 직함은 하는 일인가. 하는 일이 직함인가.

지난주에 찢어진 발등이 간질간질하다. 간질간질하면 상처가 다 나아가는구나 싶어 반갑다. 이때 딱지를 떼지 않으면 흉이 희미하게 남는다. 첫인상은 남이 말해주는 것이다. 내가 먼저 말하지 말자. 내 인상을 애써 설명하면 재미없고 더구나 변명처럼 들린다. 차도하 시인이 '그 친구가 작곡을 할 줄 알아서'라고 얘기하는 게 색다르게 들린다. '작곡을 해서'라고 말하는 것과 어떤 차이가 있을까. '글을 쓸 줄 알아서'와 '글을 써서'는?

내 하반기 목표는 배부른 소리를 하고 사는 것이다. 그리고 '사실'이라는 말을 덜 쓰면서 사실을 더 말하기가 목표다. '아무튼'이라고 덜 말하기도 목표다. 늦춰서 문장을 끝내지 말자. 구체적으로 말하자. 상대가 관심 없어 하는 내 정보를 그만 말하고 정돈된 내 생각을 말하자. 가까운 사람이라고 솔직하리라는 법은 없다. '작가소개'를 거꾸로 쓰면 '개소가 작(作)'이다. 개와 소가 만든단 뜻이다. 이게 내 예술관이다, 라고 적고 수첩에 ㅋㅋㅋ를 덧붙였다. 먼저 시작한 게 뭐가 중요해. 근데 먼저 한 사람이 가치 있는 이유는 새로운 생각을 할 줄 아는 사람이기 때문이겠지. 또 다른 새로운 걸 만들어

낼 수 있는 사람이기 때문이겠지. 그리고 생각에만 그치지 않고 만들어 냈기 때문이지. 제때 생각을 정리하지 않으면, 더 공부하지 않으면, 난 농담만 하다가 죽고 말 거야.

20년 7월 4일 토
11:35 - 13:00
다다다다다 일을 하다가 머리가 너무 복잡해서 울고 싶어졌다. 커피를 마시려던 이유는 이런 게 아니었어. 다시, 커피를 마시면서 일하지 말아야지 하고 결심했다.

---

몰리날리 카카오 아란치아
+ 에티오피아 예가체프 G1 아이스

20년 7월 5일 일
11:23 - 11:45
생각하고 움직여야지. 생각하고 말하고.

---

에티오피아 예가체프 G1 아이스

20년 7월 11일 토
16:07 - 18:00
편의점에서 커피를 사려고 하다가 계산대 앞에서 엄청
화려하게 커피를 떨어뜨렸는데 커피 맛이 한층 부드러워졌다.
오?!

---

콘트라베이스 콜드브루

20년 7월 12일 일

12:08 - 14:20

수첩이 너무 작아서 쓰기 불편하다. 선물 받은 수첩들은 내 사용 습관과 다른 경우가 많다. 1) 기록하는 걸 좋아하는 걸 아는 지인들이 수첩을 선물해 주는 경우가 왕왕 있다. 2) 사용 습관이 곧 취향이 되겠구나. 3) 그래도 이렇게 취향과 다른 수첩을 써봐야 내 취향이 다양해지고 한편 또 견고해지는 것 같기도 하고

---

에티오피아 예가체프 G1 아이스

20년 7월 18일 토
15:00 - 15:58
밥 먹으러 가기 전에 식당이 열려있는지 확인하기 위해
전화를 잘한다. 문제는 전화를 받고 "네 땡땡땡 식당입니다."
했을 때 뒤로는 북적북적 손님 소리도 들리고 하는데도 "오늘
영업하나요?" 같은 당연한 걸 물어볼 수밖에 없다는 것이다.
물어볼 때 민망하다. 그래서 요즘은 브레이크 타임이나
라스트 오더는 몇 시까지 받나요? 같은 걸 추가로 물어본다.
그리고 식당에 가면 간혹 "아까 전화 주신 분이죠?" 하고
알아보는데 이때도 민망하다.

---

콘트라베이스 콜드브루

20년 7월 29일 수
14:53 - 16:03

오랜만에 커피 마신다. 기록을 찾아보니 일주일 전이 마지막 커피였다. 우체국 들렀다가 미용실로 바로 왔다. 이곳에 다닌 지도 4년이 넘는구나. 사무실도 집도 다 옮겼는데 여전히 서대문구 미용실을 다니고 있다. 직원이 음료를 준비해준다길래 차를 마실까 하다가 아이스 아메리카노를 부탁했다. 기대 안 했는데 원두가 정말 고소하다.

---

아이스 아메리카노

20년 8월 5일 수

10:24 - 11:20

비도 오고 으슬으슬해서 따듯한 아메리카노 시켰다. 2층 자리로 올라오는 동안 아이스로 시킬 걸 그랬나 후회했다. 자리 앉아서 한 모금 마시는 데 고소하고 맛있어서 기분이 좋아졌다. 유미 작가님이 7월 기록에 관한 피드백을 보내주셔서 커피 마시면서 읽었다. 만나서 얘기할 점들은 노트에 따로 적었다. 배고파서 집에서 싸 온 견과류 한 봉지 먹었다. 김복희 시인은 시를 쓸 때 신경 쓰는 게 두 가지라고 했다. 어려운 단어 쓰지 않기, 문장 정확하게 쓰기. 나는 마시는 오트밀을 먹을 때 신경 쓰는 게 두 가지다. 뜨거운 물 넣지 말기. 물 조금 넣어서 빡빡한 식감을 즐기기. 엄마는 무례하지 않은 사람인데 무례한 말을 잘한다. 이를테면 "네가 열심히 운동해서 멋진 몸을 만들면 주변 사람들도 좋아할 거야." 같은 말들. "최소한 가게에서 파는 옷은 입을 수 있어야 하지 않겠어?" 같은 말들. 엄마도 무례한 말들을 많이 듣고 살았겠지. 예전에는 하나하나 다 따져서 이건 이래서 잘못된 말이고, 저건 저래서 잘못된 말이다, 하고 말했는데 이젠 그냥 네, 하고 만다.


13:05 - 14:00

역시 아이스 커피는 유리컵에 마셔야 제맛.

---

[1] 따듯한 아메리카노
[2] 아이스 아메리카노

20년 8월 14일 금
13:05 - 14:00
내가 머그의 시작을 기억하는 것처럼 책갈피의 시작도 많이 기억하고 있다. 내가 가진 책갈피는 거의 선물 받은 것이다.

과테말라 피아물테 아이스

20년 8월 20일 목
14:40 - 15:20
장마가 그치니 요긴했던 우산이 거추장스럽다. 생각을 하면 저절로 적히는 노트가 있으면 좋겠다. 노트가 한 권 차면 봉해서 버려야지. 나는 이례적인 사람이 되고 싶은 걸까? 다리를 다치면 걸음이 불편한 사람이 눈에 보인다. 결국 자기가 겪은 것 위주로 생각하는 게 사람이다.

---

카피탈리 비바체 데카 아이스

20년 8월 21일 금

11:20 – 11:43

수동 에스프레소 기계가 박살 나서 커피 폭탄이 터졌다.
흰 벽에 커피가 낭자하다. 허허허허.


16:09 – 16:42

오랜만에 빨래방 왔다. 요즘은 이틀에 한 번 빨래하고 좁은
베란다에서 빨래를 말렸다. 어제 처음 거실 밖 해가 잘 드는
곳에 말리려고 창문을 열었다가 말벌이 들어와서 소동이
있었다. 창을 여니까 습한 공기가 훅하고 스쳤다. 초겨울
차가운 바람은 코끝을 스치고 장마 후 여름 공기는 입에 먼저
느껴진다. 오늘은 밤까지 여유가 좀 있고 이불도 꿉꿉해서
작은 통돌이 세탁기로 여러 번 나눠 빨래를 돌린 다음
건조기를 쓰러 빨래방에 왔다. 책을 몇 장 읽다 졸려서
편의점에 가서 얼음 컵을 사 왔다. 빨래방엔 커피 자판기가
있다. 모든 음료가 500원이다. 아메리카노를 뽑아 얼음 컵에
부었다.

---

[1] 카피탈리 비바체, 데카 + 노브랜드
콜롬비아 드립백 원두커피 7g 아이스
[2] 자판기 커피

20년 8월 24일 월
12:10 - 13:00

잃은. 은 일하기 싫은. 을 줄인 말인가. 화가 나서 미치겠다. 거리가 필요하다. 내가 사람을 대하는 방식에 문제가 있나. 대화를 포기하는 게 너무 빠른가. 말꼬리는 내가 잡고 있지 않은가. 누구나 예민한 구석이 있다. 근데 대화를 하다 보면 그 버튼이 자주 눌리는 느낌을 받는다. 유독 그 사람만 버튼을 누르는 느낌에 가깝겠다. 내가 문제인가, 그 사람이 문제인가.

---

노브랜드 콜롬비아 드립백 원두커피 7g
아이스

20년 8월 27일 목
10:31 – 11:50

밤새 태풍이 지나간다고 해서 반지하 작업실이 걱정돼 서울에 올라와서 잤다. 내가 있다고 해서 집이 날아가는 걸 막을 순 없겠지만. 누가 나에게 책을 추천해 주는 것이 고맙다. '네가 좋아할 것 같아.'라는 말도 좋고. '(읽으니) 정말 좋았어, 너도 한 번 읽어봐.'도 좋다. 후자는 결국 나도 그 기쁨을 느꼈으면 좋겠다는 뜻일 테니까. 아침에 일어나서 고구마 하나 먹고 편의점까지 걸어갔다 왔다. 태풍은 엄마 말대로 '예쁘게' 지나갔다. 그래도 피해를 본 사람이 있겠지. 2011년인가 그룹전에 참여한 적이 있었는데 그림을 갤러리에 제출하려고 버스를 타고 가는 길에 엄청난 비가 쏟아부었다 (그때도 여름 장마철이었다). 창밖은 하나도 보이지 않고 버스가 거대한 잠수함같이 느껴졌다. 공포. 이 비에 휩쓸려 내려갈 것 같은 공포를 느꼈다.

---

조지아 아이스 블랙

20년 8월 28일 금
10:25 - 11:15

눈이 나빠졌나. 또렷하게 상이 잡히지 않는다. 안경을 새로 맞춰야겠다고 생각했다가 강동원이 0.1인데 안경을 쓰지 않는다고 한 게 생각나서 에이 뭐, 하고 말았다. 그러다가 아니 강동원 님과 나 따위가 무슨 관계인가 싶어서 그냥 안경을 사기로 마음 고쳤다.

---

벨미오 에스프레소 리스트레토 아이스

20년 9월 4일 금
16:44 - 18:28

삼촌과 차에서 해 뜰 때까지 얘기했다. 삼촌은 어릴 때 날 많이 싫어했다(고 난 생각하고 있다). 나도 삼촌이 싫었다(는 걸 삼촌도 알고 있었다). 근데 차에서 삼촌이 인간 배태랑을 친구 삼고 싶다 생각한 적 있다고 말했다. 나는 당황했다. 엄마가 예전에 중고 매트리스 얘길 해준 적 있다. 매트리스 스프링을 다시 사용하기 위해 매트리스를 불에 태운다고 했다. 사람은 새로운 사람이 될 수 있을까. 할머니가 돌아가셨다.

---

벨미오 에스프레소 알레그로 아이스

20년 9월 5일 토
18:55 - 19:25

혜민이는 스무 살 때 만난 학교 동기인데 따로 시간을 내서 밥을 먹거나 연락을 주고받거나 한 적은 없다. 그래도 왜 기억나냐면 혜민이가 조각 케이크 모임 회원이었기 때문이다. 혜민이가 조각 케이크 회원증을 보여줬을 때, 아, 나도 여기 회원이 되고 싶다,고 생각했다.

당시 신촌에는 피네라는 큰 카페가 있었는데 음료를 시키면 케이크 한 조각을 서비스로 줬다. 나는 틈만 나면 그 카페에 갔다. 메뉴에 있는 모든 케이크를 먹어보곤 내가 제일 좋아하는 케이크는 역시 가나슈 치즈 타르트임을 알게 되었다. 아쉽게도 혜민이랑 그 카페에 간 적은 없다.

---

아이스 라떼 (두유 + 헤이즐넛 시럽)

20년 9월 7일 월
14:14 - 14:19
역시 칼로리 높으니까 맛있네. 코로나 검사 받고 왔다. 그동안 굉장히 조심했으니 음성이겠지만, 혹시 아니면… 겁이 많이 났다. 연희동에 월요일에 쉬는 가게가 많다. 몇몇 사장님이 더 편한 옷을 입고 집에서 세탁기 돌리는 장면을 상상해 봤다.

---

스타벅스 에스프레소 & 크림

20년 9월 10일 목
15:50 - 15:58
아이들은 공룡기, 중장비기가 있다던데 난 요즘
헤이즐넛기인가보다. 헤이즐넛 커피가 계속 당긴다.
살 빼느라 고생했는데 이 정돈 먹을 수 있는 거 아니요.
슈퍼에고한테 한 말이다.

---

BIG 헤이즐넛 향 아이스 커피

20년 9월 11일 금
18:05 - 18:20

점원에겐 친절하게 대하자. 아이들한테 갖고 싶은 초능력이 있냐고 물으면 눈이 반짝인다. 많은 경우에 아이들이 원하는 초능력은 그들의 콤플렉스와 관련이 깊다. 난 시간을 멈추는 능력이나 순간이동 능력을 원했다. 축구를 할 때 시간을 멈추고 공을 가로채서 반 친구들의 박수를 받는 꿈도 꾼 적 있다. 어릴 때의 나를 만나면 위로를 많이 해주고 싶다. 요즘 내가 원하는 초능력은 단연 힐링팩터다. 다쳐도 금세 깨끗하게 치유되는 힐링팩터. 건선은 면역계 이상으로 상처가 난 부위를 과다 치유해 계속 새 살이 생성되는 병이다. 말하자면 힐링팩터가 과하게 작용하는 것이다. 다만 치유를 멈춰야 할 시기를 모르고 미련하게 계속 치유를 하고 있는 셈. 그래서 상처가 되려 덧나고 흉이 진다. 내 몸 선체엔 늘 흉터가 가득하다.

---

아이스 라떼 (두유 + 헤이즐넛 시럽)

20년 9월 13일 일
10:06 - 10:29
찬 바람이 불어 얼음을 얼리지 않고 따뜻한 커피를 마신다.

---

노브랜드 콜롬비아 드립백 원두커피 7g
따뜻하게

20년 9월 15일 화
12:38 - 12:55

PT 다녀와서 샤워하고 빨래 돌리고 드립백에 커피 내려 책상에 앉았다. 트레이너가 코로나 때문에 2주 체육관 쉬는 동안 체중 감량해서 온 회원이 나밖에 없었다고 말했다. 기분 좋으라고 하는 얘기일 수 있겠지만 효과가 있었다. 기분이 정말 좋아졌으니까.

---

노브랜드 콜롬비아 드립백 원두커피 7g
따뜻하게

20년 9월 16일 수
14:14 - 14:37

핸드드립 마지막 봉지 뜯었다. 책을 읽다 보니 노석미 작가님은 참 귀여운 사람임을 알겠다. 모르는 타인을 귀엽다고 생각하는 것은 실례인가. 그래도 나는 내 학생들에게 귀여운 사람이면 좋겠다. 무해하고 (어느 면은) 닮고 싶고 제법 귀여운 어른.

노브랜드 콜롬비아 드립백 원두커피 7g
따뜻하게

20년 9월 17일 목
09:44 - 10:14

이제 날이 쌀쌀해서 아침에 머리 감고 나오면 셔츠를 하나 더 걸쳐야 한다. 아침을 먹는 동안 몸이 데워지면 다시 셔츠를 벗어 걸어둔다. 커피를 내리는 동안 몸은 더 열을 내고 급기야 책상에 앉을 땐 탁상용 선풍기를 켠다.

---

자연드림 남아메리카 블랜드 드립백 커피

(콜롬비아&브라질)

20년 9월 23일 수
10:34 - 10:53

집에서 오랜만에 커피를 마시는 기분이라 기록을 찾아봤다. 이틀 전 아침에 같은 커피를 마셨다. 적어도 사나흘은 된 줄 알았는데 시간의 흐름은 상황에 따라 다른 속도로 느껴진다. 오늘은 컵에 바로 내리지 않고 서버에 드립백을 걸어 뜨거운 물로 내렸다.

---

자연드림 남아메리카 블랜드 드립백 커피

(콜롬비아&브라질)

20년 9월 24일 목
13:32 - 13:53

버스 기사가 한숨을 계속 쉰다거나 짜증을 내면 너무 불안하다. 도착지에 가는 동안 내 안전이 이 사람에게 달려있기 때문이다. 가정폭력도 마찬가지다. 내가 살 곳이 있고 먹을 것을 살 능력이 되기 전까지 아이는 보호자의 눈치를 보며 집에 있어야 한다. 도착지에 내릴 때까지.

아이스 아메리카노

20년 10월 5일 월
14:16 - 14:40
며칠 전부터 수제버거가 먹고 싶었는데 시간이 남아 치즈
버거를 먹었다. 세트로 시키면 감자튀김과 커피를 같이 준다.
커피가 모자라면 말하라고, 더 주겠다고 했는데 역시
모자랐지만 말하진 않았다.

---

아이스 아메리카노

20년 10월 7일 수
11:13 – 11:36

머그를 선물로 받았다. 컵의 한 쪽에만 로고가 있다면 많은 경우 로고 기준 오른쪽에 손잡이가 있다. 오른손잡이는 보통 왼손으로 컵을 들어 마시기 때문에 로고를 그쪽에 새겨서 컵을 마시는 상대편에게 로고가 잘 보이도록 프린트해둔 것일까.

---

파머스 방탄커피 따뜻하게

20년 10월 9일 금
20:06 - 20:42
난 온갖 것들을 적는다. 내일 할 일, 살 물건, 잡념들. 효용을 위해 적는다기보다는 적는 것 자체를 즐기는 것 같다.

---

자연드림 디카페인 원두커피(페루) 핸드 드립

20년 10월 12일 월
16:03 - 16:20
당이 첨가된 커피는 마시고 나면 입이 텁텁하다.

심플리스무스 스위트 아메리카노

20년 10월 14일 수
10:42 - 10:55

일을 미리미리 하는 것이 중요하다고 생각해왔었다. 미리미리 하는 것만 중요하다고 생각했던 것 같다. 그런데 요즘 생각이 좀 바뀐 게 덜 중요한 일을 미뤄서 처리하는 능력도 중요한 것 같다. 머리가 맑진 않을 땐 단순 작업이 당기기 때문에 상대적으로 덜 중요한 일부터 시작하는 경향이 있다. 뭐, 다 내가 할 일이라면 순서와 상관없이 다 해내기만 하면 되겠지만 함께 하는 일이고, 또 사람마다 업무 스킬이 차이가 난다면 일을 어떻게 배분해서 어떤 순서로 할지 기획하는 것도 필요한 능력이다. 프리랜서 생활이 길어지면서 혼자 일하는 능력만 비대하게 커지고 있는 건 아닐까.

---

파머스 방탄커피 따뜻하게

20년 10월 20일 화
12:27 - 12:48
내가 끔찍할 때가 있다. 앞에 부사를 바꿔 붙여 본다. 가끔 내가 끔찍할 때가 있다. 종종 내가 끔찍할 때가 있다.

---

자연드림 남아메리카 블랜드 드립백 커피

(콜롬비아&브라질)

20년 10월 22일 목
11:13 - 11:27

방탄커피로 아침을 대신한 지 꽤 됐다. 속도 가볍고 은근히 좋다. 지방이 적당히 들어간 커피를 마시니까 점심까지 버틸만하다. 편의점에 들러 티라미수 커피를 샀다. 방탄커피 다음으로 도전할 예정.

파머스 방탄커피 따뜻하게

20년 10월 23일 금
01:46 - 02:21
자정 넘어 마시는 커피는 오늘 첫 커피인가 어제 마지막 커피인가.

---

자연드림 디카페인 원두커피(페루) 핸드 드립

20년 10월 25일 일
10:58 - 11:20
와따 달고 좋구먼. 가끔씩 먹어야겠다. 어제 로또 맞춰봤는데 55,000원 됐다. 부정 탈까 봐 꿈 얘기도 못 듣고 있던 터라 물어봤다. 듣고 보니까 30,000원어치 살 꿈은 아니었던 것 같았지만 입을 꾹 다물었다. 그 정도 사이즈의 똥 가지고.. 에잉 쯧쯧쯧.

---

맥심 카누 티라미수 라떼

20년 10월 27일 화

11:20 - 11:40

커피 한 잔으로 모자라 한 잔 더 내렸다.[1] 식빵을 한 쪽 더 먹는다.


16:00 - 16:45

종각에서 밥 먹고 광화문으로 다시 넘어왔다. 떡볶이가 몸에 좋은 거면 좋겠다. 매번 먹을 때마다 드는 죄책감 좀 덜게. 엄마가 긴 여행을 간 걸 본 적도 별로 없지만, 여행을 앞두고 엄마는 캐리어를 방에 펴두고 필요한 물건을 생각날 때마다 넣었다 뺐다 하는 식으로 며칠 동안 짐을 싼다. 여행 당일 짐을 때려 넣는 나랑은 다르다. 입원을 앞두고 엄마가 뭐도 챙겨라, 저서는 챙겼니 진화할 때마다 얘기한다.
'응 챙겨놨지', 했지만 하나도 챙기지 않았다. 난 열흘. 엄만 5주간 입원을 앞두고 있다.

---

[1] 자연드림 디카페인 페루 드립백커피
[2] 아이스 아메리카노

20년 11월 16일 월
13:43 - 14:06

아침에 아이스 커피를 먹고 싶으면 귀찮아도 자기 전에 얼음을 얼려놔야 한다. 당연한 건데 귀찮아서 자꾸 빼먹게 된다.

---

아이스 토피넛라테

20년 11월 24일 화
15:09 - 15:23
나한테 주는 선물로 네스프레소 커피 머신을 샀다. 진작 살걸. 어떤 소비는 망설이는 기간 동안 못 쓴 게 아쉬울 정도로 기분이 좋은 경우가 있다.

---

네스프레소 캡슐 커피

20년 11월 30일 월
14:00 - 14:20

은정이가 진하게 내려줘서 마셨다. 드립퍼가 되게 특이했는데 써버 사이에 공간이 하나 더 있어서 물을 일정하게 내려주는 데 도움을 줬다. 오.

---

노멀사이클코페 원두 핸드 드립

20년 12월 13일 일
02:08 - 02:46

하이고오오 일 하기 싫어라. 초저녁에 잠깐 눕는다는 게 자정 넘어까지 자버렸다. 겨울밤은 기니까 커피 내려 천천히 마시고, 일기도 쓰고, 해야 하는 일을 제일 나중으로 미루자. 그곳은 새벽이 아니니까 외국에 사는 친구에게 메시지를 보낸다.

커피탈리 에티오피아 캡슐

20년 12월 24일 목

08:12 – 08:27

새벽에 쓰레기봉투를 밖에 내다 버리면서 생각했다.
나야말로 쓰레기가 아닌가. 우울증 약이 차도가 없는 것 같다.

11:21 – 11:42

시원한 커피를 마시고 싶어서 냉동실에서 얼음을 꺼냈다.

---

[1] 맥심 카누 라떼
[2] 벨미오 룽고 포르테 캡슐

20년 12월 29일 화
08:38 - 09:06

엄마 퇴원할 때, 정확히는 퇴원하기 하루 전에 큰이모가 그릇 살균기를 찾아보라고 전화를 하셨다. 엄마가 쓸 그릇은 매번 소독을 해야 하는데 젊은 내가 찾아보는 게 더 낫지 않겠냐는 게 이모 말씀이었다. 30분쯤 검색을 하다가 인터파크에서 파는 한샘 그릇 소독기를 골라 주문했다. 딴에는 엄마 퇴원 선물로 적절하군, 하고 뿌듯해했던 것도 같다. 하지만 며칠 후에 본가로 배송 온 살균기는 하필 작동이 안 되는 불량품이었다. 엄마는 처음부터 살균기 같은 건 필요 없었다면서 그냥 반품 처리를 하라고 했다. 생각보다 살균기가 커서 부엌에 놓을 데도 없고 그릇이야 매번 삶아 쓰면 되는데 괜한 걸 샀다고 되려 한 소리 들었다.

좋은 마음으로 주문한 건데 내가 원하지 않는 방향으로 일이 흘러가고 있었다. 물론 몇만 원 더 보태서 더 고급스러운 걸 샀다면 더 작고 예뻐서 부엌 어디에든 올려두고 써도 거슬리지 않았겠지. "그래 그럼." 대답하면서 불퉁한 마음을 들키지 않으려고 애를 써야 했다. 고객센터로 전화를 하니까 작동이 안 되는 걸 증명할 수 있는 동영상을 첨부해 보내주면 바로 반품 처리를 해주겠다고 했다. 엄마한테 다시 전화해 스마트폰으로 동영상 찍는 걸 알려줬다. 나는 그동안 동영상 찍는 것도 알려주지 않고 뭐 했을까, 애초에 스마트폰 사용법은 엄만 어디서 배웠을까? 그런 생각을 했다.

---

맥심 카누 라떼

20년 12월 30일 수
16:42 - 16:58
1+1 무료 쿠폰이 오늘까지여서 일부러 카페에 들렀다.
숏 사이즈로 두 잔 주문했다.

---

디카페인 라떼 (두유 + 헤이즐넛 시럽)

21년 1월 8일 금
11:05 - 11:33
새 책상에서 일한다. 컴퓨터도 거실에서 방으로 옮기고 기존에 쓰던 모니터도 하나 고장 나서 어제 새로 주문했다. 하지만 커피를 마시는 동안엔 일하지 말아야지, 라고 써놓고 업무 전화가 와서 받고, 듣고 메일 하나 보냈다.

---

벨미오 룽고 델리카토

21년 1월 29일 금
09:12 - 09:37

어릴 땐 간편하게 흔들어서 먹으면 되는 쉐이커가 없었다. 국그릇에 미숫가루를 타고 숟가락으로 개어 먹었다. 설탕을 따로 넣지 않아도 구수하고 맛있어서 자주 달라고 보챘다. 고등학교 때 미숫가루 좀 기숙사로 보내달라고 집에 말했더니 한 번에 타 먹기 좋은 만치 일일이 작은 봉투에 넣어서 박스 가득 택배로 보내줬다. 2교시 끝나고 배달 오는 흰 우유에 미숫가루를 털어 넣고 휘휘 저어 먹었다. 토피넛라떼를 먹으니까 미숫가루 생각이 났다.

---

이디야 토피넛라떼

21년 2월 3일 수
11:00 - 11:16
싫어하는 것에 좋아하는 요소를 붙여보자. 난 눈, 비가 싫지만 눈, 비 올 때 샤워하는 것은 좋아한다.

---

아이스 아메리카노(헤이즐넛 시럽)

21년 2월 16일 화
17:00 - 17:20
수술하고 나서는 밤에 쓰러져서 잘 자기 때문에 커피 마시는 시간에 크게 신경을 쓰지 않는다. 오전에 꼭 커피를 마셔야 하는 것도 아니고, 저녁에 커피를 꼭 안 마셔야 하는 것도 아니고.

---

아이스 아메리카노(헤이즐넛 시럽)

21년 2월 20일 토
11:10 - 11:22

작업실에서 드로잉 수업을 했다. 커피를 두 잔 사 오셔서 라테와 아이스 아메리카노 중 하나를 고르게 했다. 아메리카노를 골랐다. 좋아하는 카페가 있는 사람은 믿음이 간다. 전혀 논리적이지 않은 말인 것 같지만 여태까진 그 믿음에 배신당한 적 없다.

---

아이스 아메리카노

21년 2월 27일 토
15:21 - 15:58

몇 개월 만에 왔더니 원래 가게 옆에 스페셜점이 새로 생겼다.
본점 커피 맛이 기억나지 않았다. 커피 자체가 맛있으면
베이커리 메뉴를 애써 개발하지 않을 거라는 생각이 들었다.
카페 안에 가족 단위 손님이 많았고 빵 종류도 그만큼 많았다.
결론적으론 빵도 커피도 엄청 맛있었다. 미리 쓸데없는 생각
하지 말고 일단 커피는 마시고 보자. 특히 누가 사준다고 하면.

---

티라미수 모카

21년 3월 1일 월
18:00 - 18:56

원래는 헬카페에 가려고 했는데 자리가 없어서 도로 나왔다. 파리크라상은 공항에서 샌드위치 사 먹을 때 말고는 잘 안 가게 돼서 간만에 여행하는 기분이 들었다. 비가 촉촉이 내린다. 전시를 보고 그냥 헤어지기 아쉬워 커피 한 잔 더 하기로 했다. 라떼는 순전히 진희 선생님 덕에 마시기 시작했다. 회사에서 커피를 시킬 때 선생님이 늘 라떼를 시키는 걸 보고 따라 하게 되었다. 배고플 때 따뜻한 라떼를 먹으면 속이 든든해서 좋다. 벌써 봄이라니 믿기지 않는다.

따듯한 라떼

21년 3월 10일 수
10:24 - 10:42

SNS 계정의 사진을 부지런히 지웠다. 내 존재를 포맷하고 싶은 충동이 들 때가 있다. 건강한 생각은 아닌 것 같다. 왜 그런 충동이 드는지 생각해 보려고 했는데 충동의 끝에 뭐가 있을지 두려워 끝까지 탐구할 엄두가 나지 않았다. 근데 뭐 별거 없을지도. 어릴 때부터 가끔 이랬다.

---

이디야 토피넛라떼

21년 3월 19일 금
16:20 - 16:53

중학교 때 학교 갔다 집에 오면 아무도 집에 없었다. 난 매일매일 혼자 이른 저녁을 챙겨 먹고 학원에 다녔다. 아버지는 겨울에도 손 터 가면서 자전거를 타고 다니는 나더러 미련하다 했다. 난 그 미련하다는 말이 듣기 싫었다. 당시 아버지가 나한테 또 자주 했던 말은 사춘기를 지나 오춘기가 왔는데 거기서 빨리 벗어나면 좋겠다는 말이었다. 당시 나는 답답하다는 말을 입에 달고 다녔고 밤에 옥상에 나가 한두 시간씩 노래를 들으며 진상을 부리던 오춘기가 맞긴 했다. 하루는 학원 가기 전에 문 앞에 '잠시 집을 떠납니다'라고 적은 쪽지를 두고 나왔는데 집에 돌아오니 내가 가출한 줄 알고 집에선 난리가 나 있었다. 핸드폰이 없었으니 확인도 못하고 답답했을 것이다. 쓰다 보니, 아니 학원에 전화를 했으면 되는 게 아닌가 싶긴 하다. 그리고 나의 사춘기는 그때가 아니라 지금 왔다.

토피넛라떼 한 상자와 바닐라라떼 한 상자를 같이 샀는데 토피넛라떼는 다 먹고 오늘부턴 바닐라라떼를 먹는다. 믹스에 맛을 들였더니 드립으로 잘 안 내려 먹게 된다.

---

이디야 바닐라라떼

21년 3월 25일 목
14:06 - 15:20
나는 내가 쓴 글이랑 일치하는 사람인가, 하는 생각을 깊게 했다.

---

아이스 아메리카노

21년 3월 30일 화
12:33 - 13:12
대건 선생님이 진짜 맛있는 커피숍이 있는데 여기서 한 700m
됩니다. 가실래요? 해서 흔쾌히 따라왔다. 신희와 나는
아인슈페너를 시키고 대건은 플랫화이트를 시켰다.

아인슈페너

|  날짜  |  만공  |  날짜  |  만공  |
| --- | --- | --- | --- |
| 20. 04. 09 | 00:30 | 20. 05. 29 | 00:18 |
| 20. 04. 10 | 00:06 |  | 02:36 |
|  | 00:06 | 20. 05. 31 | 00:36 |
| 20. 04. 14 | 00:22 |  | 01:44 |
|  | 00:26 |  |  |
| 20. 04. 15 | 00:20 | 20. 06. 01 | 00:07 |
| 20. 04. 17 | 00:59 | 20. 06. 04 | 04:03 |
| 20. 04. 19 | 00:28 | 20. 06. 07 | 00:27 |
| 20. 04. 21 | 00:20 | 20. 06. 10 | 00:30 |
| 20. 04. 23 | 01:00 | 20. 06. 11 | 00:13 |
|  | 00:10 |  | 00:18 |
| 20. 04. 24 | 00:17 | 20. 06. 20 | 00:25 |
| 20. 04. 26 | 00:40 | 20. 06. 21 | 00:24 |
| 20. 04. 27 | 00:15 | 20. 06. 23 | 00:56 |
| 20. 04. 30 | 00:25 |  | 01:31 |
|  |  |  | 00:16 |
| 20. 05. 01 | 00:23 | 20. 06. 30 | 00:34 |
| 20. 05. 02 | 00:30 |  | 00:30 |
| 20. 05. 03 | 00:21 |  | 01:45 |
| 20. 05. 06 | 00:36 |  |  |
| 20. 05. 07 | 00:09 | 20. 07. 04 | 00:25 |
| 20. 05. 08 | 00:22 | 20. 07. 05 | 00:22 |
| 20. 05. 09 | 00:15 | 20. 07. 11 | 01:53 |
| 20. 05. 11 | 01:28 | 20. 07. 12 | 02:12 |
|  | 00:40 | 20. 07. 18 | 00:58 |
| 20. 05. 13 | 00:18 | 20. 07. 29 | 01:10 |
| 20. 05. 14 | 00:22 |  |  |
| 20. 05. 17 | 01:06 | 20. 08. 05 | 00:56 |
| 20. 05. 18 | 00:27 |  | 00:55 |
| 20. 05. 19 | 01:18 | 20. 08. 14 | 00:55 |
| 20. 05. 22 | 00:52 | 20. 08. 20 | 00:40 |
|  | 02:25 | 20. 08. 21 | 00:23 |
| 20. 05. 28 | 00:10 |  | 00:33 |

date　　　滿空

| | | | | |
|---|---|---|---|---|
| 20. 08. 24 | 00:50 | | 20. 12. 13 | 00:38 |
| 20. 08. 27 | 01:19 | | 20. 12. 24 | 00:15 |
| 20. 08. 28 | 00:50 | | | 00:21 |
| | | | 20. 12. 29 | 00:28 |
| 20. 09. 04 | 00:44 | | 20. 12. 30 | 00:16 |
| 20. 09. 05 | 00:30 | | | |
| 20. 09. 07 | 00:05 | | 21. 01. 08 | 00:28 |
| 20. 09. 10 | 00:08 | | 21. 01. 29 | 00:25 |
| 20. 09. 11 | 00:15 | | | |
| 20. 09. 13 | 00:23 | | 21. 02. 03 | 00:16 |
| 20. 09. 15 | 00:17 | | 21. 02. 16 | 00:20 |
| 20. 09. 16 | 00:23 | | 21. 02. 20 | 00:12 |
| 20. 09. 17 | 00:30 | | 21. 02. 27 | 00:37 |
| 20. 09. 23 | 00:19 | | | |
| 20. 09. 24 | 00:21 | | 21. 03. 01 | 00:56 |
| | | | 21. 03. 10 | 00:18 |
| 20. 10. 05 | 00:24 | | 21. 03. 19 | 00:33 |
| 20. 10. 07 | 00:23 | | 21. 03. 25 | 01:14 |
| 20. 10. 09 | 00:36 | | 21. 03. 30 | 00:39 |
| 20. 10. 12 | 00:17 | | | |
| 20. 10. 14 | 00:13 | | | |
| 20. 10. 20 | 00:21 | | | |
| 20. 10. 22 | 00:14 | | | |
| 20. 10. 23 | 00:35 | | | |
| 20. 10. 25 | 00:22 | | | |
| 20. 10. 27 | 00:20 | | | |
| | 00:45 | | | |
| | | | | |
| 20. 11. 16 | 00:23 | | | |
| 20. 11. 24 | 00:14 | | | |
| 20. 11. 30 | 00:20 | | | |

# 커피 마시는 동안은
# 일하지 말아야지

초판 1쇄 인쇄  2021년 12월 25일
초판 1쇄 발행  2021년 12월 25일

지은이 | 배태랑
디자인 | 썸띵스 어바웃
편집 | 조은정
제작 | 은성 애드프린팅

펴낸곳 | 기록의 형태
전자우편 | Suddenly_j@naver.com

ISBN 979-11-964300-4-7 03000

이 책의 저작권은 지은이와 기록의 형태에 있습니다.
이 책은 저작권법에 따라 보호받는 저작물이므로
무단 전재와 무단 복제를 금지합니다.